Telúrica, pandémica, poética

Edith Tapia Espinoza

EL SUR ES
AMERICA

Telúrica, Pandémica, Poética

Edith Tapia Espinoza

Primera Edición Agosto 2022

Copyright © 2022

Edith Tapia Espinoza & El Sur es América

Diseño de la maqueta y cubierta: Silvana Pezoa N.

Fotografía de portada: Mario Bascuñán Tapia

Arpilleras:

- *Memoria;* scaner Edith Tapia Espinoza
- *Estallido: Homenaje a los muertos en la revuelta 2019.* Foto: Edith Tapia Espinoza
- *Jardinera: Homenaje a Violeta Parra en sus cien años.* Foto: Vicente Soto Tapia

Library of Congress Control Number: 2022943685

ISBN: 978-1-7361784-6-1

Editorial El Sur es América, LLC

Ohio, EEUU

ElSurEsAmerica@gmail.com

www.EditorialElSurEsAmerica.com

A mis padres René y Edith, migrantes desde el campo a la ciudad en los años de la pandemia de pobreza y desigualdad, a ellos que me llevaron por los cerros y me enseñaron a amar esta vida y a querer volar como los pájaros.

A mis hijos Felipe, Vicente y Edith, avecitas amadas de días y sueños.

A mis estudiantes, que me enseñan una lección de amor cada jornada. A la extensa familia de hermanes, sobrines, amigues.

A mis muertos, que han tendido lazos invisibles para emprender esta travesía a través de la palabra que rescata sus historias con minúscula ante el oficialismo que no ve a pobres, migrantes, mapuche, mujeres, niños y niñas.

Agradezco a Silvana y Amado que me vieron.

Índice

Colección Terral 9

Memoria 17

Santiago 63

Décimas 103

Sobre la Autora 120

Colección Terral

Esta colección surge como un necesario homenaje a la figura y legado de Lucila Godoy Alcayaga, Gabriela Mistral, notable escritora y maestra, una mujer futurista de inquisitiva mirada, reflexión certera y palabra precisa, lo que le brinda una insólita vigencia a su obra, a más de 133 años de su nacimiento.

Aunque ha sido la única mujer de habla hispana ganadora del Nobel, lo cierto es que no ha sido reconocida en la asombrosa profundidad y alcance de su obra. Travestida durante décadas como una poeta de la ternura y la infancia, la academia y los medios de la política conservadora, escondieron así su veta radical, su conciencia de clase, su inconformismo con un sistema que la limitaba, que ni siquiera pudo darle un espacio en sus aulas, castigando su pensamiento crítico con la exclusión escolar, lo que llevó a Lucila a convertirse en autodidacta.

Así pudo acceder a un conocimiento empírico de la realidad de los pueblos, primero en su natal Valle del Elqui, que nutrió su infancia con ríos, montañas, huertas y parras; luego en el resto del mundo, hasta donde llevó su experiencia de maestra rural, logrando un amplio reconocimiento internacional.

Con el paso del tiempo y la llegada de gobiernos y autoridades culturales más progresistas, vimos cómo en los últimos tiempos fue surgiendo una nueva Gabriela, atrás empieza a quedar la imagen institucionalizada de esa solterona de rictus amargo, cuya obra se centraba en la muerte y en supuestos amores frustrados, para dar paso a una mujer enamorada, apasionada, crítica, política, filósofa, profundamente espiritual, que experimenta la vida con una plenitud conmovedora y con un compromiso social insospechado.

Vemos en la manipulación y degradación de su imagen un intento de minimizar la preeminencia y trascendencia de su obra y su legado, una herencia incalculable que instituciones políticas y religiosas han dilapidado en desmedro de las nuevas generaciones a las que está destinada. Es por esto que consideramos necesaria, no sólo la reivindicación de su figura, sino también el reconocimiento de su, hasta ahora, silenciosa sucesión.

En este sentido, buscamos actualizar la palabra mistraliana y descubrir sus vertientes en este siglo XXI. Somos *Terral*, así como Lucila es *Mistral*, un seudónimo que nace, tanto de la admiración por un poeta, como del viento que lleva su nombre. Federico Mistral es un autor que la poetisa reconoce como cierta influencia:

> *¡Poema de Mistral, olor a surco abierto que huele en las mañanas, yo te aspiré embriagada! Vi a Mireya exprimir la fruta ensangrentada del amor, y correr por el atroz desierto.*
> (Desolación 82).[1]

Vemos aquí cómo se destaca el rol protagónico que tiene la naturaleza, no sólo en la escritura mistraliana, sino en su sentir, en su disfrute, en su apreciación estética y vital por los simples milagros del día a día, el río, la montaña y el viento:

> *Yo he adorado siempre el viento. De todos los elementos es con el viento con el que me he entendido mejor. Siempre en las tardes, después que terminaba mis labores escolares, me iba hacia un punto alto en la escarpa y ahí por*

---

1. Citado en: Lila Zemborain, Las resonancias de un nombre: Gabriela Mistral. Revista Iberoamericana. Vol. LXVI, Núm. 190, Enero-Marzo 2000, 147-161.

> *largo rato me sumergía en su so-*
> *plo. Es curioso, pero el viento me*
> *produce el mismo efecto que a los*
> *borrachos el vino, y después de*
> *este baño me siento mejor. Estoy*
> *contenta, todo me llama a la risa*
> *y hago versos. Se me ocurrió así*
> *buscar un nombre de viento que*
> *pudiera ser de persona y encontré*
> *el mistral y lo adopté agregándo-*
> *le aquella "Y" primitiva [...]* (citado
> en Giménez 37).[2]

El viento, la hipérbole del aire, un elemen-
to natural impactante, que puede ser sua-
ve como brisa o amenazante como tornado
huracanado, regido por los elementales del
aire, *Sílfos* y *Sílfides*, es el carruaje lógico
del habla, las palabras se las lleva el vien-
to, solemos escuchar y así es, las lleva, las
trae, las mezcla, las confunde, las pierde,
las encuentra.

El *mistral* o *maestral* es un viento que ha-
bita en el mediterráneo y que sopla desde
el noroeste; suele ser causado por el aire
polar que baja hacia el mar, frío, y seco,
se pone intenso cuando sube la presión y
cruza violentamente los macizos que per-
turban su camino, los Pirineos y los Alpes.

---

2. Ídem.

Podemos ver cómo Gabriela se identifica con este territorio europeo más que con su andina cuna y se entiende, por mucho que amara su terruño, su raíz, siempre sintió y sufrió el peso de la exclusión, al contrario de Sor Juana que decidió recluirse para poder dedicarse a sus letras, Lucila decide hacer del mundo su hogar y vagamundear, incluso los 33 años que vivió en Chile, siempre fue mudándose de una región a otra, dejando su huella a todo lo largo de esta estrecha franja de tierra que habitamos. Luego, en sus 34 años fuera de Chile, tampoco tuvo un lugar fijo de residencia, su vida de diplomática la diseminó por Europa y el norte de América, hasta que la muerte la encontró en su casa de Santa Bárbara en Estados Unidos.

Pero el *Mistral* no solo hace referencia a un territorio, es también un viento maestral, dominante, maestro, por lo que también refleja, no sólo su profesión, sino una de las esencias de su ser, hija de maestro rural, la docencia la rodea y moldea y, a pesar de que es una paria del sistema escolar, logra ser reconocida a tal punto que son muchas las escuelas que llevan su nombre y tuvieron el honor de su influencia directa, siendo su mayor logro la colaboración con José Vasconcelos en la reforma educativa y la creación de bibliotecas populares en México.

Su rol de maestra es innegable y lo encarna incluso desde el más allá, al establecer en su testamento el pago de todas sus regalías póstumas a los niños y niñas pobres de su querido Montegrande.

En el valle del Elqui sopla el *Terral* un viento del este, también es catábatico, se gesta en las alturas del cordón andino y vuela hasta los valles, aumentando su temperatura en su descenso, hasta sorprender a las gentes con su cálida intensidad y fortaleza.

Para quien no le conoce, su tibieza y fresco aroma son engañosos, simulan augurios de lluvia, pero no lo son, aunque puede fácilmente convertirse en una seca tempestad que vuela techos y derriba árboles a donde va. También se le conoce como *Raco* en el valle del Maipo, en la zona sur, se llama *Puelche* y en Ranco, se le llama *Puihua*. Este viento tiene varios símiles en el mundo, cuyas características principales son su calidez y arremolinamientos que levantan polvo y tierra.

Entonces buscamos que esta *Colección Terral*, sea una representación del sentir Mistraliano en la "milenialidad", que sea un viento cálido y penetrante que alborote los días y las gentes y que brinde un espacio de encuentro, reflexión y acción, siguiendo, profundizando y ampliando la ruta de Gabriela por la Tierra con textos de distintos tipos; cuentos, poemas, ensayos, novelas y diversas temáticas; artísticas, científicas, políticas y sociales; letras de mujeres y disidencias sexuales.

Para inaugurar esta colección les presentamos la obra de la maestra escritora, bordadora y artesana, Edith Tapia Espinoza, *Telúrica, Pandémica, Poética*, un *corpus*, que quiere ser *corpa*, creado al amparo de la cuarentena que nos cuenta y reflexiona sobre las humanas vicisitudes experimentadas durante la pandemia y antes también. Disfrútenla.

Silvana Pezoa Navarro
Cochiguaz, Valle de Elqui, 2022

Memoria

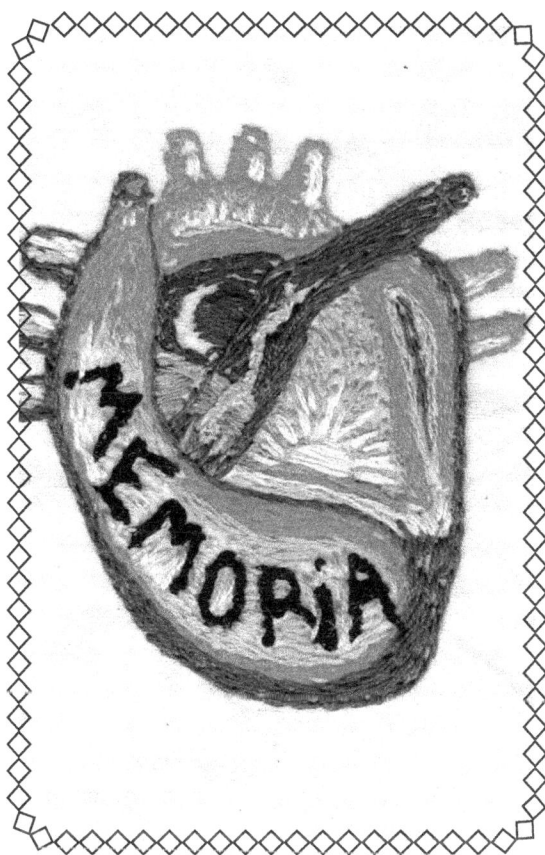

Cánticos

Todavía hay gallos que cantan
de madrugada
y los pájaros ya no son los mismos,
sin embargo, cantan para mí
en un Santiago donde no hay vientos huracanados
ni mares que humedezcan los amaneceres;
en un Santiago de añejas o casi inexistentes
leyendas urbanas
y donde la imponente cordillera y los macizos
aledaños acordonan los trinos.
Ciudad asfixiante en verano y gélida en invierno
que me ata a su cóncava resistencia.

Aún puedo oír de amanecida
aquella antigua música de otros territorios.

¿Solo yo me enamoré del árbol?

Zapatos de charol y un árbol menos,
un imponente eucaliptus en Quilín
que ahora sólo es un recuerdo.

Zapatos de negro.
Y las palabras van sueltas
entre el polvo y la tinta deslavada.

En mi mente.

En vitrina está mi mente,
pues ideo venganzas,
manifiestos y actos repudiables
que de seguro no haré.
Busco con afán
la miseria que me encoleriza de otros
y me escondo en mi rabia.

Una zanahoria en las escalinatas del metro.
Hay color en un mundo
que ha arrasado con todo el verdor de mis
ojos

y el sabor se ha salido de contexto.

Su-mi-sa

¿Has visto demonios últimamente?

Yo sí,
son muchos: navegan en mi frente
 y cuando chocan siento sus fuegos,
mientras yo voy hundida entre una multitud
de hombres desconocidos,
respirando,
respirando suavecito
para que no se espanten si hablo.

En penumbras

Frente a mí está el progreso.
Escuelas para "pobres"
-que antes fueran de tablas-
hoy lucen abultada corpulencia.

Frente a mí está el progreso
y bajo él subyacen canciones infantiles,
saltitos a la cuerda de una niña asustada
por el futuro en ciernes...

Un árbol que hoy no existe
ocultó en sus raíces secretitos y lágrimas.
Silencios.

La mujer de este día tararea un bolero
en la íntima espera de paradero exiguo
y
frente a las mediaguas
revestidas de acero y de cemento
descubre que el progreso
ya no lleva mayúscula.

Escapada

Cuatro golondrinas juguetean a unos metros
de mí.

Una tenca, igualita a la de las arpilleras de
Violeta Parra,
se posa en los cables de la torre hacia donde
camino.

Un viento fresco de seis de la tarde, en una
reseca primavera cordillerana,
me envuelve.

Escucho los cascos de un caballo y a mi
lado derecho
me adelanta la vida convertida en una mujer
de abundante cabellera crespa,
que con sombrero de pita sube lentamente
montada en él.

En la cuenca, que miro desde arriba, arde
la prensa por el COVID.

Mariposa blanca

¿Por qué pareciera que danza cuando mueve sus alas?

¿Por qué va y vuelve incesante entre los litres y espinos resecos de la cordillera?

¿Por qué, siendo tan pequeñita, ilumina el espacio por donde se mueve?

¿Por qué la besa el viento?

¿Dónde se esconde cuando llueve?

¿Dónde durmió anoche bajo la luna llena de noviembre para evitar que su reflejo destellara en sus alas?

Durmió con la ventana abierta de su escondrijo de hojas,
igual que yo,
con la ventana abierta
para que kuyen me soplara entre sueños que debo usar calcetines rojos si quiero recibir la energía secreta que anida en el centro de la Ñuque Mapu.

Alas azules

Es tiempo de saltamontes a las cuatro de la tarde.

Es primavera de golondrinas, graciosas, livianas.

Las golondrinas se dejan llevar por el viento y pareciera que solo son conducidas por él como plumas, pero sus inquietos giros de alas las delatan: ellas aprovechan el aire para impulsarse solas. Ellas saben planear sobre la cuenca de Santiago desde donde huyeron hace lustros.

Dicen que la pandemia acercó a las aves a los territorios tomados por hombres y mujeres de ánimo voraz.

Cuando no las vi más, las creí extintas para mí como un recuerdo, pero hoy veo que ellas saben dónde encontrarse para el juego de alas azules.

Las golondrinas saben cómo recuperar sus vientos.

Loica

Así con esta loica libre,
mostrando impúdica su pecho anaranjado,
diversa entre el loro argentino,
el azulado tordo
y el gorrión.

Pájara Lo/ca, solazándose entre el verdor
y el sol
de la incipiente tarde.

Tenca

Un remolino de alas cruza mi camino.
Se para en la tierra
con la cola levantada como la chasquilla
del payaso tirada por un alambre.

Da pasos cortos a lo Chaplin
y se sumerge en la amarillenta vegetación
que anuncia un reseco verano.

Golondrina

En la cima, una vez que el último saltamontes
de estructura milenaria salte a tu paso, mira
hacia la cuenca de Santiago.
Extiende tus brazos a los lados,
bájalos y súbelos rápidamente.
Deja que el sol, oblicuo cayendo sobre tu
frente, despeje tus ideas
y que el viento se cuele
por entre tus costillas y brazos.
No volarás como ella, la grácil bailarina del
aire que se estremece como tocada por un
rayo,
pero te sentirás libre.

La flor blanca del natre

Cuando dicen "es más malo que el natre"
debemos pensar en qué espacio de la memoria
quedó esa bella flor
escondida o reseca.

Niebla

A veces pareciera que nada hay más adelante,
pero si avanzas en medio de la bruma o de
la noche,
verás los caminos por los cuales transitar.
Sin duda, ante sus bifurcaciones, deberás
elegir
 y -puede que yerres-
mas debes seguir avanzando.

Origami

En un papelito
doblado en origami
escribo
y
me tientan caminos
por donde
voy
y
vengo

mientras,
el sol cae oblicuo
sobre la mar que amo,
ilumina el vaivén
de la madre invernal
de morena Yemayá,
de bondadosa Lafken.

Yo junto piedrecitas
lanzadas por el mar,
juguetitos minúsculos
para acumular fuerzas,
amontono
opalinos jirones
que antes fueran las prendas
amadas
de los hijos de ella.

Hoy mi mar

rompe vestiduras,
se desnuda rabiosa,
vomita toda
invasión
miedo
y ansia de exterminio.

¡Juntarlos y darme fuerzas!
para romper bloqueos,
para ahuyentar los muertos
detrás de los abrazos.

Entonces,
en un doble silencio vigilado,
pliego la flor de papel
y
amontono
las piedras
preparando
el
momento
en
que
me
atreva,
como la marejada,
la crecida,
o tripanko

a
lanzarlas
bien lejos.

Caída

Una hoja de álamo mecida por el viento
-la más alta de todas-
cae plumífera hasta tocar el suelo,
pero antes de eso...
¡VUELA!

Re-vivir

Querer vivirlo todo hic et nunc.
Un río turbulento de amanecidas ebrias de
amor,
fogonazos de besos, caricias de agua cayendo
por su espalda.
Parlanchina y ansiosa como la tenca,
vuela de una rama a otra del futuro.
Su mente se oye otra vez discurriendo tumultuosa.
Y mueve presurosa sus patas de pájara gris
sobre campos morados de jacarandá
y canta con ese tucutú tucutú tucutú
apurando el día que viene.
¿¡Qué va a rememorar experiencias pasadas
para sacar lecciones?!
Su corazón late otra vez y vive el aquí y el
ahora.

Hic et nunc.

Pan

Mi abuelo, Aurelio Tapia,
cosechó la linaza con unas manos y con
una cara que desconozco
en las tierras de San Vicente de Tagua Tagua
extrañas para mí y ajenas para él.
Hoy, yo como el pan con la semilla
y pienso en esas morenas manos de obrero
pobre
que murió anónimo.

Alfarera

A Natividad Flores, mi abuela

Natividad, Natividad,
estoy sintiendo tus grietas por haber preferido
el amor
en vez del masaje de la greda en tus manos.

Nacimiento

A mi hijo Felipe

¿Por qué mi poesía se ha negado a plasmar
la perenne alegría que escapa de tu rostro,
la energía más pura, la beldad de tus poros,
las manos pequeñitas, cálidas y traviesas
que con un golpecito se hacen dueñas del
mundo?

Mis palabras se sienten pequeñas a tu lado,
pues no existe homenaje que a ti te rinda
culto, sólo las flores pueden, las aves, los
paisajes, las aguas transparentes las multi-
formes nubes, las violentas tormentas, los
cerros y sus surcos.

Fue una tarde de agosto, ¡nunca podré olvidarlo!
en que encontró el afuera tu rostro luminoso,
tu cuerpo –pura seda- tus miembros diminutos
y, desde entonces, ¿sabes? aqueste ciego
mundo se valió de tus ojos para enmendar su
rumbo.

Un silencio de asombro se esparció por la sala,
los ayes, los te quiero se escondieron curiosos
y sólo se mostraron con alegre discurso
con música y colores, con ritmos melodiosos
cuando desde tu cuerpo el llanto emergió
puro.

Desde entonces las aves nunca más se marcharon
de las tupidas ramas. Desde los secos juncos surgieron blanquecinos, perfumados capullos que al recibir tu tacto quedaron rebosantes, decidiendo instalarse para siempre en el mundo.

Si yo mirara el mundo con tus ojos

A mi hijo Vicente

Si yo mirara el mundo con tus ojos,
sabría por qué se han extinguido las chinchillas,
entendería su llanto y alzaría la vista
obnubilada por ellas.
Conservaría en mi memoria el registro de
aquellos años
cuando yo tenía los mismos tuyos.
Habría olido la maldad en el aire,
así como tú distingues a los que no tendrán
más primaveras.

Niña

A mi hija Edith

Cuando ella habla las palabras cobran un encanto.
Ella abraza la vida
cuando rodea un árbol añoso
cuando hunde las manos en la greda
cuando toca los hilos y las lanas
que se desmadejan felices en el juego.

Ella retrocede en centurias la vejez
y las estrellas brillan sonriendo
cuando, cómplice, las mira.

Son cinco las mujeres que la ayudaron a llegar
Después de un viaje largo y helado:
-venía desde una estrella. -Me cuenta.
Con ella las palabras se tornan poesía:
-Soy muy creativa. -Dice.
Y es un gozo enorme el remolino de ideas
que aparecen también
en la belleza de sus ojos
en sus manos artistas.

Con ella el mundo se muestra enamorado
y yo me vuelvo niña en su dulce abrazo.

Valentina

Valentina no quería llegar, prefería quedar-
se en ese lugar oscuro pero suave, su piel
estaba tibia, hidratada, grasienta y resba-
losa. -lo sentía cuando llevaba las manos a
la cara.

A estas alturas, cuando el espacio se hacía
cada vez más estrecho, la postura más có-
moda fue la de estar haciendo sentadillas
con las rodillas flectadas hasta su vientre
redondo y los brazos a los lados o como
un boxeador en posición de proteger la cara
con los combos listos para dar respuesta
certera. Así, se preparó cuando sintióse
apretujada. Es cierto que se preparó recién
cuando comenzó a sentir que las aguas se
arremolinaron empujándola hacia ese ori-
ficio que vio tan pequeño...¿cómo podría
pasar por ahí? La obligaron. Sí. La obligó
un frío metálico ahí donde surgían sus pen-
samientos. Ahí al lado de donde ella veía
luces. La tiraron de apoco primero, pero
luego con fuerza (después sabría que esas
eran tenazas).

Con el tirón le dolió justo donde comenzaba
el movimiento de sus brazos y lanzó un gri-
to de dolor que se había callado por susto
mientras pasaba por ese túnel que era su
madre.

Reloj

La otra tarde otoñal
me mostraste un reloj;
mi alma se contrajo
con su brillo metálico
y me llevó a los refulgentes días
en que el universo
era mi casa.

Cornavín
que salvé en esa llorosa tarde
de rapiña carcelaria,
cuando tú lo ajustaste
bajo la manga salmón de mi abrigo.

Cornavín
en cuyo centro
nadaba el delfín azulado
que coqueteó
con el asombro y pena
de los diez años
en que se abría el mundo.

Reloj de hombre maduro,
de padre perseguido de esos años,
reloj que ceñiste a mi muñeca
antes de que tus ojos
de azulosas ojeras
se fueran al encierro
interminable.

Reloj que marcó el antes

el después
y me hizo caer de golpe
en la glacial idea de injusticia
que recorre a los pobres por un lapsus
de siglos.

Tic-tac
desvanecido en el pasado
y que ahora
tras una serie de sonidos
de llanto
de alegría
de miedo
y destrucción
de vida
y cementerios,
te apareces intacto
para socavar
en los recuerdos;
hurgas en fibras íntimas,
haciéndolas temblar
y dejando instalada
una sola certeza:
porque tú estás intacto
con tu pez infinito,
pero por su piel de hace tanto
y por la mía de otro poco
ya han pasado
millares de segundos,
ansiosos minuteros,
voraces horas
y trepidantes
delfines relojeros.

Elegía para Eva

Yo no sé si me sigue la tristeza
pero tengo un recuerdo que me invade:
tu cara y tus tesoros,
los tesoros vivientes y los otros,
diminutas e ingentes posesiones
que antaño conservaste con recelo.

Hoy no sé si yo nado en la tristeza,
si escucho su sonido quejumbroso,
lamento de otros tiempos y otras vidas;
si alcanzo a oír su llanto,
si palpo cicatrices que dejaran
las llagas del amor allí en tu cuerpo.
Lo peor es que sé que allí estuvieron
y lo siento en el alma, compañera,
¡Perdona por no haberlo presentido!
¡Perdona por no haberme percatado
de tu dolorosa marcha!
¡Perdona por no darte mi mirada
en aquellas jugadas de la vida!
¡Perdona por las redentoras palabras
que no pronuncié antes en tu nombre!

Por eso es que hoy escribo esta elegía,
como reivindicatoria poesía,
como triste homenaje a esa vida más triste
de los últimos días.
por eso es que te escribo, hermana herida
por voluble Cupido,
por lanzas amorosas no esperadas.

Y ahora, en estos días
en que la lluvia me sorprende en medio de
la calle,
en medio de mis lances cotidianos,
no puedo sino recordarte como antes:
eras mujer de manos laboriosas,
diligentes, amables cuando tú lo querías,
hormiguita hacendosa que guardó con
parsimonia
para el día futuro;
hada madrina de mísero presupuesto,
de límpida pobreza,
de salarios inicuos repetidos.

Tu voz ahuyentadora de demonios
recorría las calles y las ferias
preguntado: "esto cuánto, cuánto cuesta",
tus manos prodigiosas despertaban al
mundo,
lo compraban y le sacaban brillo...
Y ahora, amiga ausente,
los objetos preciados,
tus ollas y teteras, tus libros y joyeros,
tus zapatos inválidos, están desorientados,
solos
y condenados
a su anónima suerte.

Escapulario

Para Eva Valdebenito

Y sortearon tus ropas
y ya no quedó nada
y no importó tu paso por el mundo
y no pasaste a los anales
de la historia
y no quedó un vestigio
de tu ser en la tierra,
porque eras mujer,
anónima,
porque estabas ya vieja
y cargabas no una cruz
sino casi medio siglo
de insulsas ilusiones
de chubascos de risas
de tormentas en lágrimas.

Y no importó tu escuálido vestido
nadie lo conservó
ni siquiera
para hacer un improvisado escapulario
que pudiera espantar
la nostalgia
de no ver tu rostro
en las veredas.

Poética

El viento me devuelve los papeles perdidos.
Nunca está de más escribir para lanzar al
viento las palabras.
A veces, aunque no queramos escucharlo
éste se anuncia como un gato que juega
con las hojas secas del patio.
A veces, cuando nuestro cuerpo gotea por
una falsa gripe
el viento se mete bajo las almohadas
para remover las lágrimas que un día
quisimos cuajar muy adentro
y tras él, las palabras livianas de dolor,
ausentes de gemidos, culpa y rabia,
emergen como llovizna tenue
que nos obligan a escribir lo que deseamos
negar: la poesía.

¿Por qué escribir?

Escribir es un diálogo,
el diálogo de la loca con lo que otros no oyen.
Hoy la resaca del mar es un susurro
¡Y no puedo!
No puedo dejar de decir que es injusto que
estas aguas estén pidiendo auxilio, aho-
gándose entre el plástico y el vidrio y toda
la basura que se tragan a diario
mientras nos acarician el alma con su belleza.

El viento se enreda en el pelo,
el tibio sol nos calienta bien,
las aves nos bendicen con su canto
Y el horizonte de archipiélago verde
nos acerca a ese cielo despejado de smog.

¿Por qué no dialogar con ellos?

¿Por qué no escribir?

¿Por qué no atender las voces?

¿Por qué escribir?

Escribir es un diálogo,
el diálogo de la loca.
La prodigiosa mar-madre
ahogándose por la basura.
y el horizonte de archipiélago verde.

Y el susurro del viento en mi nuca.
Me acerca a ese cielo despejado de smog.
¿Por qué no escuchar de una vez a nuestras
Hermanas Mayores?
su su rros.

¿Por qué escribir?

Para que nuestros hijos, hijas, también
puedan dialogar con ellos.

Planifico mi día

Levantarme temprano.
Aprovechar la mañana para hacerle cariño
a la casa.
Sanar espacios donde esta acumuló viejas
heridas.
Ahuyentar recientes decepciones
hermanando objetos dispersos para que se
acompañen:
calcetín con calcetín,
lápices de colores con sus hermanos
y hermanas lapiceras,
con sus primos sacapuntas,
los grafitos y las gomas en cajas transparentes.
Apartar un lápiz azul para ir a votar: Fabiola
Campillai Senadora.

Los marcadores permanentes en una caja
aparte.

Quienes saben que siempre han sido del
pueblo, pero se cargaron a la derecha,
dicen que ella tiene mucha rabia, que no
podrá ejercer su rol desde la rabia.

Ordenaré los clips y posit en un recipiente
pequeño.
Ahí acumulo notas donde ordeno mi vida -y
la de mis hijos a veces-
o donde escribo que los amo.

Votaré por Fabiola Campillai
la joven trabajadora a la que una lacrimó-
gena de un policía siniestro le destrozó el
rostro, mas no la vida.
Ella sobrevivió
y está de pie para luchar por tantas
Fabiolas y Gustavos
cegados por el odio institucional.

Ella tiene rabia dicen y mucho odio.

Ordenaré mi ropa
y lo que no uso y está viejo lo cortaré en
tiritas
y no pondré prendas amadas
en bolsas negras para regalarlas
puesto que estoy cierta
que en algún momento serán basura
que se acumula en un patio o en un vertedero.
Las transformaré en cintas multicolores
y en las mismas guirnaldas que hace mi
madre para dar colorido a mi jardín.

Fabiola Campillai.
Más tarde votaré por ella,
después de ordenar algunos espacios de mi
casa
donde se han acumulado objetos dispersos,
los pondré donde los vea
para que les llegue luz y fluya la energía.

Estoy cierta de que Fabiola será una gran

senadora
pues obrará desde el amor hacia su pueblo
y hacia sí misma.
No se la comerán los legisladores sabihondos,
pues, así como sobrevivió con su cara
destrozada,
sus ideales están intactos
y no la amedrentó la violencia del Estado.
Entonces, ella podrá sortear
todos los obstáculos,
pues ella es una mujer toda luz.

Dicen que Fabiola Campillai tiene rabia.

Yo también tengo rabia y votaré por ella.
Con rabia dolorida y con amor.

Mi madre,
-que a los quince viajó escondida en el tren
para trabajar como empleada doméstica en
este mismo Santiago-,
mi madre
-que salía temprano a buscar ropa a Salo-
món Sack para hacer lavados ajenos-,
mi madre
-que vivió en mediaguas por años ahorrando
peso a peso para la casa propia-
mi madre -que salía temprano como ella a
trabajar-,
votará Fabiola Campillai senadora.

Elecciones 2022

Sueños pandémicos

Sueño con medicinas,
sueño con alimentos,
sueño contigo,
sueño con un tú que no existe
o que afortunadamente existe, pero está
distante.

Sueño con el COVID
en las calles arenosas de mis sueños de
niña
mientras afuera suena una sirena
para asegurarse de que yo estoy soñando
encerrada en mi cuarto.

Como en el cuento *El peatón* de Ray Bradbury,
hay un carro real apresando peatones
que no soportaron la tv encendida,
apresando peatones que no pueden,
que no quieren soñar
en este toque de queda
como única medida que se ha mantenido
inalterable
-Dicen que para combatir la pandemia-.

Yo creo
-no le cuentes a nadie-
que es para que no sigamos soñando en
colectivo,
sino para asegurarse de que cada quien

se quede encerrado en su cuarto viendo la tele-que-miente.

Las sirenas no saben que yo estoy soñando con medicinas que atiborran los hospitales para atender la pandemia del desamor, del miedo, de la injusticia, del terror infundado.

La tele -porque está apagada- tampoco sabe que sueño con las calles polvorientas dc mi barrio,
que sueño con un TÚ que afortunadamente existe
Y que, aunque esté distante,
llegará el momento en que será un NOSOTROS decidido y firme para seguir luchando.

Manuela Kalfullanca

(Dos piedras preciosas)

Cuando ella hace el pürun
Sus pies se elevan como las patas de los
tordos sobre el pasto de la warría.
Su padre y su madre bajan a mirarla desde
el kalfü.
Ella siempre está en sus rogativas azules
Y –aunque no lo sabe-
su piuke, corazón de mapuche,
renace y se abriga con el espíritu de su
ñuke y su chai, mamá y papá.

Mientras ella danza, las voces amorosas
resuenan con el trompe
clin
clin
clin
clin

La pifilca y su fuui fiuu fiuu fiuu fiuu
imita el viento que en el pasado se colaba
por el küpan de su ñuke.

El kultrun
Taa
Taa
Taa
Taa

atrae las bondadosas manos del chai que se posan en su frente sudorosa.

Así ella olvida que quiere escapar hacia el azul y que aún no está lista para el vuelo, wntonces,
Cuando cree que se eleva definitivamente las piedras azules y verdes de sus apellidos la tiran hacia abajo y la Ñuke mapu recibe el rebote delicado de sus pies,
y la obligan escuchar lo que no quiere escuchar:
el llamado de la machi que hay en ella.
Por eso es que se enferma cuando no baila el purün.

¿Sabías que el "NO" no existe para el mapuche?

Cuando ella danza se vuelve pájaro
y el azul verdoso de las dos piedras preciosas de su nombre refulge en su úkilla,
el manto alado de la sanadora que ella no sabe que es
de la lamgien que sana corazones cuando hace el pürun.

Tirar a matar

En memoria de mi estudiante B.P.M

Tirar a matar, tirar a matar. Nuestros niños crecieron en la desigualdad. El wallmapu resistiendo al tirar a matar. Pudahuel. Lo Espejo, Maipú, La Granja, Conchalí, Lo Hermida, Cerro Navia. Periferias dolientes. Los niños en las calles escapando de las balas. Las instituciones podridas golpeando los cuerpos de ellos donde no se nota.
-¡En la guata, ctm! ¡Pégale en la guata!
Muchos reclaman por sus derechos, los míos y los tuyos.
Tirar a matar.
Otros perdieron el norte que no se recupera con los siniestros golpes.
Tirar a matar
Tirar a matar
Tirar a matar.
Ya no importan los muertos que se lleva a diario la pandemia. Las balas hoy son la calle. Tirar a matar.
Tirar a matar. Las micro atiborradas de un pueblo que va al trabajo. Nueva normalidad. Mientras los medios mienten metiendo miedo. ¡Tirar a matar, ctm!
Reapertura del comercio. Tirar a matar.
Antes de todo estallido estuvieron los niños muertos en el SENAME. Tirar a matar.

Invisibles.

Enero o febrero de 2019: Tiroteo. PDI repele asalto, muere menor de edad que no llevaba arma. Tirar a matar.

Abril de 2019: Los medios solo muestran la foto de un niño en un asalto, omiten lo de su cuerpo herido, despojado de cualquier oportunidad. Tirar a matar. No importó, era delincuente, según el Mega y Chilevisión y Canal Trece. Su madre debió contestar un llamado telefónico donde se le pedía responder una encuesta sobre cómo lo estaba haciendo el programa de apoyo psicosocial.

-Le tiraron a matar, lo estoy velando.

Ya no se pintará de colores la Violeta

Homenaje a mi estudiante J.G.H suicidado
en extrañas circunstancias

Una estrella luminosa entre tanta oscuridad.
Hoy solo el viento te habla,
solo al viento escuchaste,
solo al viento.
Se extinguieron las violetas al costado de caminos.
Desde hace días me vengo preguntando ¿por qué ya no veo aquella diminuta flor de dulce aroma si antes era casi un pastito que crecía solo, que crecía como tú, mi niño de ojos tristes y sonrisa plena?
¿Por qué cada vez hay menos bellas almas como la tuya para poder cuidarlas?
La rabia se me viene a la cabeza:
Me hubiera gustado irte a buscar
abrazarte fuerte como en esos tiempos para que no sintieras frío
ni desolación
ni ganas de matarte.
Tu generosidad sin límites te hizo silencioso,
Sé que no querías dañar a nadie con tus penas.
Entonces te fuiste solo y hoy la Violeta que pintaste en el liceo luce descolorida.
¡Cómo extrañaremos tu pulso privilegiado para dibujar trazos que ahora te servirán

para diseñar el camino por el que decidiste sobrevolar! Un país de las utopías, un país de sueños y de amor, el país que te espera para que dibujes las Violetas que hoy nos hacen falta tanto, tanto;

el país de las utopías que te ayudamos a construir en el pequeño mundo de la escuela donde las almas libres como la tuya,

pero atormentadas por demonios de odio no pedidos,

pueden volar.

Estarás en el país de las utopías en el que creíste y para el cual trabajaste

Y pintarás las Violetas, los Chichos, los Clotarios, los Leftraru que hoy nos faltan tanto, tanto como tú,

las Violetas que nos obligan a llorar abrazados sintiéndonos pequeños y tristes, tan infinitamente tristes y con las alas cortadas.

Angustia

¿Elegiste ser pobre o te mandaron?
¿alguien puso la pobreza en tu garganta
como filosa daga
para que te vieras así,
tan ansioso de pan,
de manjar
de mieles sin medida?

¿Elegiste la hambruna,
las ganas de matarte que tienes por las noches
cuando nada es posible,
cuando el cielo se cae sobre tus ojos fijos?
¿Elegiste la vida? ¿la elegiste?

Justicia para José Huenante

Tu nombre resuena, José Huenante,
Sonrisa sin fronteras llena de pájaros,
de lluvia,
de amaneceres truncados
por esas manos/sangre que te llevaron
con sus vestidos verde oliva y sus insignias
de una solemnidad que mata,
esbirros de una falsa democracia que no
quiso buscarte.

Tu nombre fue el de un niño más en el
SENAME y nadie lo escuchó.
Tu nombre estuvo por cuatro años en los
papeles judiciales,
Pero a diecisiete años aún resuena llevado
por los vientos de Puerto Montt:
José Huenante
José Huenante
Jo sé
H u e
nan
t e e e e
Jo sé Hue nan te.

Santiago

Matria

Esta es mi MATRIA,
no conozco otra.
Imperfecta,
odiada por muchos,
pero me saluda cada día
y me recibe en sus arterias doloridas de
pasos y de máquinas.
Esta es mi matria.

Chuchunco

La primera carretera en el olvido
ha ido acumulando con los años de años
el polvo de la vida a su costado:
una sarta de palos resecos,
alquitranados fierros,
durmientes traicionados por su peso
mediaguas, marcos de puertas y ventanas,
escaleras que hoy no conducen a ninguna
parte
y que se alzan como atalayas olvidados por
la tropa,
techos de zinc deshechos de humedad
yescas asfixiadas por bolsas y botellas plásticas,
por latas y cartones, por cuchillas y celos,
inamovibles asesinos.

Y sobre una carreta cargada con sacos harineros,
el niño de ocho años que es mi padre,
sentado como un mago,
es conducido al tiempo veloz
de antenas telefónicas
implantadas entre añejas construcciones;
a la era de veloces metrotrenes
que dejan ver a ratos
ingentes esqueletos de los carros de antaño,
habitantes oscuros de un pasado que con-
servan el número de serie y la capacidad de
carga...
pero que ya no llevan carga

y portan como únicos pasajeros los ecos de esperanzados hombres y mujeres que viajaron tenazmente para ganar su pan a la Estación Central de sus miserias.
La primera carretera en el olvido conserva aún el paso de hombres
y mujeres de un siglo que ha agotado su futuro.

Perdida por la Kennedy

El pueblo en marejadas azulosas
serpentea hacia el bus amenazante
y no veo a nadie parado en las esquinas,
sólo las rejas son guardianas de lo pulcro y
de lo bello.

Ventanales cerrados –hermetismo efectivo-
protegen los sutiles olores de invisibles
dueños.
Nadie corre tampoco,
es la espera en zonas demarcadas
y equidistantes
bajo quitasoles desteñidos
haciendo diferencia.
El estilo gobierna la Avenida
con pequeños emporios,
"tiendecitas" familiares que adornan las ve-
redas con ofertas del día:
Cherookes millonarios,
alfombras persas,
lámparas altivas que no lloran,
anteojos para el sol, de mirar evasivo,
ratán original en los muebles de patio
que serían un lujo en mi living modesto.

Perdida por la gente en oleajes de pobres
me persiguen los signos que la resaca trae:
cuerpos, cuerpos, más cuerpos
cansados, desgastados,

botados por la ola
acostumbrados al silencio
a bajar la cabeza
a mirar sus propios dedos de los pies
estrangulándose por la sandalia
de cuestionable finura,
esquivando los ojos de vaca indiferente con
que algunos los miran desde el auto,
tragándose toda el agua del diluvio inicial
en la ignominia de la espera
en la vileza de irse desaguando
a pie y en silencio hacia "a nadie le importa
dónde".

Marejadas de hombres y mujeres
sin mirarse a los ojos.

Más allá de sus pasos doloridos
zigzaguea soberbio
un bus ultramoderno,
triste símil del Metro de Japón
que se lo traga todo
y que muestran los medios en los horarios
punta
para que todos digan "aquí estamos mejor".

Arrojada sobre amplias avenidas cual playas
desoladas
me alejo del Manquehue imponente
abandonándome a esta soledad
de barrotes alzándose a medida que paso
bajo un sol que cae en la mirada de paisaje

acuoso
sin llanto en las húmedas pupilas,
arrastrando una milenaria historia diluvial
que habita en nuestros sueños remotos
y que nos trae a las serpientes del origen:
Trentren del agua
y *Cai Cai Vilu* del cordón cordillerano que
bondadosa me dice adiós.

Me alejo de este paisaje diluvial de antaño
y cielos de turquesa
y calles sin bocinas
y pasto verde en las veredas solas.
Me alejo de estos cerros
me voy hacia las calles polvorientas de mi
pobla
me voy hacia la inundación primera
donde la caída del agua es el borboteo de
un íntimo ayer perdido.
Es cuando mis ojos hallan
la imagen de mi madre con mis años
llevando de la mano a la niña que fui.

Puedo entonces hasta oler la frescura de su
risa
escucho resonar sus pasos y los míos,
cruzamos el arco enladrillado de una iglesia
que huele a leche en polvo: San Vicente de
Paul,
entramos al bazar solidario tapiado hoy por
ladrillos de olvido.

¡Ah! Recóndito calor perdido en el progreso
Hoy esqueleto seco de un pasado.

Puedo verla a ella contenta recibiendo la
exigua bolsita con leche, harina, huevos.

Bazar tan necesario
en esos años
de la gran inundación
de aguaceros de ojos
-Por esos días desencajados-
de dolor en la guata
por forzado apretar de cinturones
impuesto por la dictadura más fría
que tapió las calles cercanas al Manquehue
y que nos separó en marejada odiosa
triste e irremediable
a los unos de los otros
y viceversa.

Santiago que se lee

Lee la ciudad:
Sigamos luchando.
Cabildo abierto vecinal.
Una pancarta rota por un combo:
¡Sigamos luchando!
(Providencia)
¡Piñera renuncia!
Chadwick ql, ¡Ándate a la chucha!
(Providencia, centro neurálgico del capitalismo ochentero, hoy desplazado por el arribismo de Las Condes)
Todo limpio, todo en orden.
Lee sus muros: hoy comunican lo que estaba escondido en estas calles pitucas y limpias.
Rayados frenéticos, sucios para ellos, como delirios de esquizofrénicos, de esos que piden plata en los semáforos.
El Costanera Center vigilado por milicos en un Estado de emergencia decretado por el nuevo dictador de brazos cortos, pero uñas rápidas.
Sus esbirros saboreando los bigotes hitlerianos,
pinochetistas todos,
de historial genocida en los genes de malparidos,
deleitándose con las comisuras de las asquientas bocas en sonrisa siniestra,

gozando con las muertes,

gozando con el reventar de ojos como pájaros alcanzados por balines

gozando con la tortura en los puntos ciegos de las celdas,

gozando con las bombas lacrimógenas a la cara,

gozando con las balas al cuerpo,

gozando con los secuestros,

gozando con los jóvenes violados,

gozando con los cuerpos quemados después de ser asesinados,

los esbirros de la derecha empresaria gozando con el llanto de millares y esta a su vez goza con los golpes dados por parcas infernales vestidas de verde, vestidas de cascos y chalecos antibalas y fusiles para enfrentar a un "enemigo poderoso" armado con un lienzo, con su voz que grita, con una olla y cuchara de palo celebrando: ¡¡¡¡Ohhhh, Chile despertó!!!!

¡Aborto libre, para no ser madre de pacos!

EVA

DE!

EVADE! (MURO Cruz Verde Tobalaba)

NO + COLUSIÓN

BASTA DE ROBO!

-TU TRONO

ESTÁ PODRIDO

EN ORO.

¡Tuvieron que matar a 20 personas!:
(Muro de antiguo hospital de pacos)
Tuvieron que matar a más de veinte perso-
nas por el oro.
Lee los muros de las calles de arriba por
donde nadie pasa,
nadie que no sea de ellos pasa libremente,
pues los otros tienen un andar esclavizado
después del traslado agobiante desde las
poblaciones
y un regreso a casa sin querer vivir a veces,
pisando somnolientos las calles periferias
por donde todos pasan y no pasa nada,
nada que merezca la pena vivir, dicen los
carteles.

¡SAQUÉAME! (cortina metálica Farmacias
Ahumada)

¡SALUD DE CALIDAD! (Cortina metálica
Salcobrand Pedro de Valdivia con Nueva
Providencia)

Y pienso en los viejitos que se suicidaron,
en el chofer de Transantiago que lleva de
copiloto a su mujer con alzeimer
para que no se le pierda.

La ciudad está hablando
allí donde más le duele a los poderosos,
a los coludidos,
a los explotadores.

LEE LA CIUDAD

Y verás que la rabia
se sacó la mordaza,
y verás que la rabia
huyó de su escondite para quedarse,
para instalarse también en los muros del
barrio alto,
hasta que los helicópteros cesen sus viajes
de la muerte y del terror que me recuerdan
aquellas noches de dictadura,
hasta que los uniformes verdes y las manos
de las autoridades
hoy manchadas de sangre,
sean ajusticiados.

LEE LA CIUDAD.

LÉELA HASTA QUE EL LLANTO TE QUITE

EL MIEDO.

Caracol, caracol...

Cuentan que hace un millón,
un millón de años atrás,
eras tú, caracol,
un bichito sin hogar.

Duermen en casitas pequeñas
desmontables,
del tamaño de dos cajas de plasma de 75
pulgadas.
A veces utilizan -como toda sercha- unos
listones de madera sobre el cartón,
que sujetan al techo de frazadas o de esos
plásticos con los que se envuelven los
colchones recién comprados.
Viven en casas y por las mañanas las trans-
forman en hatos que guardan por ahí,
cerca de alguna estación del Metro o en el
bandejón central de la Alameda,
esperando encontrarlas cuando caiga la
noche.

Don Quijote

Hoy vi a Don Quijote comprando droga en mi pobla; se veía más enjuto que como lo describiera Cervantes. Al parecer, Dulcinea nunca contestó su carta.

La Gioconda

-Estación Bellas Artes, -anuncia una voz masculina desde el altoparlante-
y se levanta la Mona Lisa de su asiento, después de haberse maquillado en esfumato gris minuciosamente los ojos y ponerse el tapabocas blanco.

Una diosa perdida en La Vega

Una mujer.
Tendría unos 50 años. Alta.
Lo que vi primero en ella fueron tres cinti-
llos en su cabeza, uno con flor amarilla en
el costado, los otros dos de color indistin-
guible.
Me impresionó su pelo recogido y el creci-
miento amarillo en las puntas.
Sonreía y dejaba ver un diente montado so-
bre los otros.
Más abajo, el cuello con tres corridas de co-
llares largos,
grises.
Un vestido azul rey, liso, sin mangas y con
tachas metálicas en el canesú,
la cubría desde los hombros hasta los pies
y le daba un aire de distinción, mientras
conversaba con su vecina de paño, ahí, en-
trando a Patronato
(Recoleta con Santa María).
Avancé y me volví a mirarla como hipnoti-
zada,
justo a mediodía, en medio de los cachu-
reos que proliferan hoy en el sector, donde
no es raro encontrar kimonos verdaderos
de madres asiáticas casamenteras, bolsas
de leche y de lentejas de las que dio el des-
gobierno en el invierno en cuarentena, za-
patos con sus pares e historias de carre-

ras repentinas escapando de sus dueños, carteras sin señoras ni señoritas, billeteras con dólares falsos, consoladores sin consuelo, marcos rotos olvidados de retratos, amnésicos de los rostros que cobijaron por años, lápices estrujados de tinta dispuestos a dar estertores agónicos al papel higiénico a luca que los tienta a su lado, un paraguas -de un obvio invierno- cubriendo a la morena, modelando sus veinte años apoyada en un carro de supermercado con un brazo y tomando la improvisada sombrilla con la otra, plumas sin alas, platos tintineantes añorando los almuerzos familiares.

Ella.

Una mujer con varias charratelas en su cuerpo,

en medio de tanto cachureo y cureques,

que para escritores como José Donoso tan elitista,

podría ser el fiel reflejo de la locura,

me hizo volver a mirarla,

pues estoy segura de que era una Diosa Perdida o Encontrada en el Borde del Río de Santiago.

¿Así duermen los ángeles?

Regalo fue el respirar profundo
y leer la cordillera después de la lluvia
sin la obligatoriedad de salir antes que el
sol.
Mezquina idea, lo noté al rato.
En el Metro las bufandas mareadas de
perfumes
se quedaban mirándolo,
Abrigos calientitos ostentaron confort.
Él no los miraba,
Dormía con el lado derecho de la cara so-
bre sus zapatillas,
Las manos como en rezo debajo de la cara.
Un pie desnudo sobre el otro en caricia
congelada,
No duermas así, me decía mi madre,
Así duermen los ángeles.
Yo subí la escalera mecánica,
Mis pies bajaron y mi bufanda también.
Era un joven haitiano durmiendo en el
metro,
Así duermen los ángeles me decía mi ma-
dre.

¿Migrar es un derecho, presidente?

¿Vivir es un derecho, Presidente?
-Es un verbo. -Aclara su ministro con ape-
llido de vedette.
¿Gobernar es un deber, un mandato?
No venga con leseras, niñita. Con esa ne-
cedad barrieron los milicos.
¿Migrar es un derecho, Presidente?
¿Usted está loca, mija?
¡Los pájaros migran!

Redes sociales

El baño público es la clásica red social donde muchos aún – en tiempos de millenials- se arriesgan   a lo indecible. Y entre la recurrente coprolalia hay llamados de auxilio como el que encontré textual en un pub: "abeces siento que nadie es bueno eso me duele porque abeces son mis amigos",
También el facebook es la pared de un baño maloliente,
delirios de grandeza en ostentosas fotos,
amenazas lanzadas al voleo, indirectas,
vistos que no son vistos aparentando indiferencia.

El ojo virtual es la taza contaminada de caca.
Y la palabra se prostituye afanada en captar un like.

Millenials

Si les quitas el celular
se parecen a Gregorio Samsa trepando por
las paredes,
los dedos descolocados
los dedos enajenados
los dedos desconcertados
sin saber dónde ponerlos
al no poder posarse
sobre el cristal del lumínico cerebro.

Amor de pura fibra... óptica

Amor entre líneas y redes sociales,
restringido a esperar un "me gus-
ta" con la mirada fija en la pantalla.
Paralizados, como Narciso ante su imagen,
esperamos ver y ver pasar estados,
en el agua de la fuente que gira so-
bre sí misma hasta que "vemos" al otro.

Esperamos,
mientras la soledad se hiperboliza hasta su
máxima expresión:
la de compartir" publicaciones con el único
afán de estar vigentes
y para que nuestro interlocutor
sin oídos ni voz
nos dé una señal.
Paralizados frente al cristal líquido,
somos como una Gorgona obsesiva que
cayó en la trampa de mirarse en sus fotos
-que se ha tomado sola en el rincón más
frío de la casa:
el baño.

Amor de siglas XO, TQM,
de combinaciones numéricas como todo
guiño:
1313, 77,
de emoticones donde no hay caras,
donde no se puede usar palabras para expresarlo;

donde no se sabe usarlas,
pues estas perdieron el significado
y el significante
en un ahorro léxico y emocional patéticos
por lo desnaturalizado.
@mor de apasionadas confesiones en inbox,
de osadas fotografías abrazados,
@mor de las siglas del Loco Lira,
en un siglo XXI que no perdona
 la siutiquería de un "te quiero"
ni el encuentro cálido de muchos abrazos,
puesto que el tiempo está enredado
en la fibra óptica
que teje como Parca esperando
que se muera Cupido.

La casa del Maipo

Una casa donde no hay espejos,
para no ver el tamaño del horror
que generó tu sombra al paso...
Una casa donde maquinaste el odio
mirando aquellos cerros que te devuelven
con el viento el llanto que causaste...
Una casa que esconde en sus paredes
las pupilas de aquellos que te vieron
cortando con un golpe de mesa
el entramado de vida plena
que truncaste siniestro.
(En la casa del Melocotón del monstruo,
del tirano asesino; una casa que hoy es
recinto de universidad privada)

Discalculia

Me enseñaron que para sumar o restar debo guardar en reserva un número que se pide prestado.

A ti también te enseñaron matemática, pero en otra escuela.

Yo -si debo usar las cifras- lo hago al revés y al derecho y me gasto las fichas y hasta las parábolas pierden su curva y yuxtapongo mi vida con la tuya pues sin ella no puedo vivir racional o numéricamente.

Tú, en cambio, ocupas la reserva cuando se te antoja, mas no sabes que un día ese número del amor en que te sitúo se habrá dilapidado por mi falta de cálculo.

2020

Encontré un calendario 2020 escondido como araña de rincón mientras hacía aseo de ultratumba (nunca tanto).
Lo vi, dando los últimos estertores,
agónico, pero dispuesto a defenderse con cualquier amedrentador veneno de último minuto ante un inminente escobillazo.
Hace unos días casi pateo uno pequeñito...
¡con las hojas de marzo!
No me dio pena, sino susto de su venganza.
Lo recogí y sigue en marzo,
indiferente sobre uno de los sufridos escritorios improvisados donde las clases online y la pandemia
y los comunicados
y los días volando.
A este otro lo dejé donde mismo,
pero ¡juro que cuando sean las 12 de este 31 de diciembre volveré al ataque con calendaricidas en mano que,
espero,
no dejen secuelas!

Aleteos fallidos

Dos aves ascienden en juego de apareo;
el viento sopla denso sobre la soledad
que provoca el vuelo de la mantis alrededor
de un macho.

Retroexcavadora

Las máquinas duermen en el centro del charco
como arañas ciegas
soñando el pasado.

Cenicienta

Ofrezco dos sandalias negras de charol. Desde hoy pase la que quiera a probárselas. Mas -advierto- el príncipe no existe. Aquella a quien le calcen perfecto, se las puede llevar sin costo alguno (aparente) y sepan que no fueron utilizadas para ningún baile; solo para una larga vuelta buscando utopías, pues de realeza, nada. Además con ellas me dolió la planta de los pies que le quedaron grandes a esta tierra y los debo mantener sanos porque necesito volar.

Pie plano

¡Me duele la planta de los pies!
¡Será que nunca he podido tenerlos
bien puestos en la tierra!

Tejedora

Vivo por donde el diablo perdió el poncho:
ese rojo tejido a mano
que me abriga en las noches de inf/vierno.

Witral

Tejiendo mis razones de tristeza
incesante mirando la pared
y la blanca urdimbre.

Anoche destejí la tentación
de trama colorinche,
teñí oscuros los cabellos
volví a usar los mismos hilos
para enfrentar por fin a la que soy:
Ya no la que espera en destejido.
Hoy soy la que urde nuevas tramas,
la que intenta de a poco
desde la oscuridad de los hilos de ayer
aceptar la luminosidad de lo que viene.

Decisiones...razones...
sin culpas ni perdones,
porque culparse es destejer
y perdonar tan pronto es no avanzar en el
hilado.
Todavía no se puede.
Hoy debo terminar este telar...
¡Me esperan los colores!

Ahora que llegaron los colores

Ahora que llegaron los colores
los dedos enredados comunican preguntas
que los hilos reciben

y siento tanta pena enlazando esperanzas.
Recuerdo a las amigas que están
y sus palabras,
su leal cercanía aún en la distancia;
a aquellas que están lejos encumbradas
en nubes
de monedas mezquinas
e ídolos de moda.
Veo el goce de ojos al ver la paja
en los llorosos míos
y sí, puedo entenderlo.

Veo también, a favor mío, a las de alas bellas,
a las sencillas manos bordadoras de vida
y agradezco el abrazo que se extiende
entre nuestros horizontes.
Pero esta sociedad-soledad nos ensombrece
Y cada una va con lo suyo en su metro de
tierra
esforzada en vivir su día-noche como se
pueda
como si fuera el último que tengo
como si nada
como "hoy sí la hago"
como a la rastra
como por si acaso
como ¡Cómo!
Nos veo pateando piedras,
nos veo acariciando a la perra,
puteando de rabia,
pariendo horizontes,
partiendo,

agarrando papa
vendiendo la pomada
vendiéndola
comprándola
tirando a la chuña los años
contando los minutos
o contando las chauchas
y sé que todas vamos
buscando las respuestas entre sueños;
las mismas que me asaltan como arcoíris
ahora que llegaron los colores.

Se acabó mi noche oscura

Homenaje a los detenidos desaparecidos

¡Se acabó la noche oscura!
Desde este nuevo ángulo,
fotografío tu nombre en la parada
de un frente donde el mío te esperaba.

Granizada nocturna en mi vereda,
tal vez llueva en la tuya
pero ya no me importa.
De agua se han cubierto los amores,
de granizos metálicos
desparramando orines y lodo
por la ciudad en penumbras.
Todo lo limpian el tiempo
y la lluvia extemporánea de noviembre.

¡Prohibido creer que mi soledad es más in-
tensa que la tuya!
¡Prohibido olvidar que hay tantos nombres
a los que se les negó esta primavera
juguetona y traviesa!
¡Prohibido creer que mi dolor por tu ausencia
es mayor que el del amor que espera una
sola señal
bajo cualquier vereda de mi patria.

Estación metro bacanal

Desde esta distancia mínima y bocas dispuestas a morder, a negar un beso con los incisivos bloqueando comisuras, un olor a macho hostiga, un olor animal irrumpe, se propaga, violenta los diez centímetros de respiro que sale de anónimas bocas entre putrefactas bofetadas y nauseabundos perfumes golpeando las nucas de las ninfas.

De pronto, un brazo sale de su cuerpo, traspasa otra barrera en esta turbamulta, en este apretujarse de carnes que impone posiciones en donde todos van detrás de alguien o delante de un torso sudado o a un costado del brazo pétreo del insomne o en el otro lado pisando una de las doce patas de perro o debajo de brazos-cadenas hediondos a cama o, en el mejor de los casos, arriba de un cabello oloroso a lavanda y a tierra. Vaivén inesperado de la barca, carro de Caronte, crujidera de huesos donde los penitentes se mueven doloridos hacia el infierno, el Hades, como la nave de Odiseo hundiéndose en las cloacas de lo desconocido. Una sacerdotisa de la luna con su velo de nube es succionada por el gentío y el azul esparcido entre voluminosas formas de martirio y angustia, agrava el desconcierto, el pañuelo oficia de horca que como

brazalete, corpiño o ceñidor atrapa muñe-
cas y cinturas, cuellos… las condenadas
agachan la cabeza como toda respuesta.
Otra mano cansada de hembra adulta in-
tenta alcanzar el travesaño de espada que
dispersa sus huesos en el acto. Su cuerpo
se ajusta desesperado tratando pero irre-
mediablemente es lanzada para afuera. Es
una bacanal obligatoria, asfixiante de hu-
mareda saliendo de cabezas con piojos y sin
ellos que deja asomar piernas sin dueño,
labios sin palabras, escupitajos sórdidos,
cabellos de la novia huyendo de los peines,
la putridez de todas las cabezas de Esci-
la, el quejido de la bestia al abrir un boste-
zo, el vómito que se anuncia en su chillido

y los cuerpos cayendo de sus bocas
mientras exhala un orgásmico suspiro.
Nadie gime siquiera, mas cierran la nariz, los
ojos, aprietan los brazos y arrugan la frente.

Todos, aunque sea en trocitos, aceptan la
eternidad impuesta por la bestia que ser-
pentea veloz para llegar temprano a la sole-
dad amante.

Demiurga

Seis días demoró en crear las aguas sala-
das y las dulces; la tierra buena para la co-
secha y el barro para las vasijas; el cielo
azul con sus nubes; el sol y una luna an-
gosta como un hilo de plata parecido a su
sonrisa de diosa que jugaba a la creación
para probarse a sí misma cuánto podía ha-
cer con esas manos pequeñas, morenas,
redondas y de hábiles dedos, por cierto.
A él lo creó el primer día. Lo tejió con hilos
de astros tras el Big Bang. Éste, obnubi-
lado por su mirada y por cuanto vio a su
paso, huyó despavorido... Decepción. A ella
le llamó la atención su piel, el aura de calor
que lo envolvía. Quiso seguirlo para tocar-
lo, pero se contuvo. Orgullo. ¡Una diosa no
estaba para eso! Se entretuvo inventando
lo que un día o una noche se le ocurriera
(un día que no era día y una noche que no
era noche todavía, porque los astros anda-
ban perdidos). Evitaba pensar en aquella
creatura que erraba por las tierras sin som-
bra (creadas para que él pudiera caminar).

Seis días demoró en crear el día y la noche
con esas manos pequeñas, morenas y re-
dondas; al séptimo, no aguantó más y lo
buscó. Se tocaron con ansias los rostros
los hombros. Los torsos desnudos se en-

contraron, los cabellos revueltos se entrelazaron. Entonces, con el último suspiro de placer de ella y con la risa estrepitosa de él, nacieron aves coloridas y de melodioso canto que necesitaron árboles donde posarse; crecieron, buscando el cielo, álamos y cipreses, pewenes, mañíos y estos a su vez necesitaron dar frutos y flores que clamaron por abejas y abejorros para que llevaran el polen desde chilcos ruborosos. Entonces, llovió intensamente y se poblaron las tierras áridas de pasto y de musgo, de sapos con un croar melancólico y de helechos con brote de espiral. Desde las aguas de mar, emergieron cachalotes enamorados del cielo y toninas juguetonas que huían de transparentes medusas para seguir al sol que preñaba a la luna. Entonces, solo entonces, se recostaron a dormir y la flaca luna comenzó a hincharse de alegría.

Décimas

Décimas sobre mi origen

Dedicadas a mis padres Edith y René

Mi madre muy jovencita
trabajaba con mi hermano
la cuna era caja e plátano
ahí lloraba la guagüita
la patrona grita y grita
y ella con la mamadera
termina la lloradera
(botella café e cerveza
con chupete le da en la pieza)
¡De leche es la vida entera!

El de ojitos de aceituna
nunca la quiso soltar
barrer, lavar , trapear y asear
hasta que salía la luna
sin poder rabia ninguna
mostrar frente a su retoño
así llegaron los otoños
y nos sumamos los hijos,
crecieron los sacrificios
y tantas noches de insomnio.

Mientras racionaba el pan
y nos cosía la ropa
reparaba con estopa
la artesa donde lavar
ajeno y poder juntar

pa la casa propia pue.
Junto a mi padre se fue
con los tres hijos mayores
a sembrar todas las flores
allí donde puso el pie.

De joven se quedó sin dientes
¡Tanto chiquillo bendito!
Pero perdió al Arnoldito
y mi padre con un pariente
en micro llevó al inocente
a enterrarlo al cementerio
-créamelo hasta el más serio:
es duro el camino del pobre
hasta pa ponerse el sobre
de palo no tiene un cobre.

Pero su voz aún es grillo
que despierta al sol durmiente.
¡Canta la pájara fuerte
teje, borda y a palillo!
Teje sin el comidillo
que nos carcome por dentro
cuando vemos que el sustento
nos cuesta sudor y sangre
¡Ella no! ¡Vuela en el aire!
En su huerto halla contento.

Mi padre fue un gran obrero,
calificado de lanchas
pero la vida es tan ancha
y tuvo que renunciar primero

y agarrar lo que le dio al vuelo
esta vida de experiencia
donde la única ciencia
es como el pan ser bueno,
con un semblante sereno
y brillante inteligencia.

De gásfiter aprendió el oficio
este eterno caminante
de los cerros tan amante
nos enseñó desde un inicio
a esquivar los precipicios
a amar con pasión la vida
y a buscar una salida
en caminos y vertientes:
en los peumos, muy sonrientes
sanamos nuestras heridas.

Ekeka

La casa llena e recuerdos
hilos, lanas y telares,
fotos, libros y collares
hacen desvariar al cuerdo
-pero en eso sí concuerdo-
con Diógenes han comparao
al corazón alborotao
que tras acumular ordena
pa no arrastrar las cadenas
de amores que no ha soltao.

Es que ama todo en la vida:
los objetos y artificios
de aquellos muchos oficios
que a sus manos les convida
son el punto de partida
para llegar a la calma:
si borda el alma recupera
se ordenan los pensamientos
que le asaltan por momentos
cuando ni a ella se tolera.

En caja e metal los hilos,
agujas en las pequeñas
las lanas en las sureñas
compradas en Chiloé
y como un arca de Noé
su casa con sus rincones

guarda en secreto los sones
de los objetos perdidos
que al tocarlos, confundidos,
cantan hermosas canciones.

Y en este encierro por peste
mas suma de enfermedades
los cánticos más fatales
se le vienen a la mente,
pero ella muy diligente,
borda y halla el equilibrio
y aunque parezca de vidrio
su corazón silencioso
nunca se le ha visto ocioso:
hacer lo aleja del caos.

Lo cierto es que halla consuelo
en palabras que se dice
y no es de las que maldice
lo que encuentra por su suelo
guarda para que el sereno
ilumine las palabras
que en las libretas las guarda
por esa misma razón:
que no olvide el corazón
la historia que en ellas carga.

Ha sido talabartera,
sastre y encuadernadora,
de las aves más cantoras,
de chica se cosió carteras,

remedó las primaveras
en los años de injusticias,
coqueteando sin avaricia
con objetos reciclados
que toos dieron por botaos
cuando ella vio sin malicia.

Cachurera como ella sola,
en sus manos cobran vida
los objetos que le pida,
pida y le traerá una ola
pero tiene que hacer cola
pues lo pantalones viejos,
botones, palos, espejos,
los transforma en algo noble.
Pa unos oficio de pobre
que a otros deja perplejos.

Ekeka la quiero llamar,
de objetos la sanadora
que perdieron la memoria
de su origen y fueron a dar
a nuestra fructífera mar
por insensata costumbre
de botar lo que perdió la lumbre
pa comprar lo reluciente
sin darse cuenta la gente
que eso puee que lo alumbre.

Claro pues en la pandemia
ante encierro declarado
nos vimos toos condenaos
no a una herida, a una epidemia.
Ahí fue que le hicieron venia,
lápices colores, hilos,
libros, papeles, palillos,
cidís con que hacer mandalas
los niños adquirieron alas
en trabajitos sencillos.

Rimas libres

A la risa plena de Paulina Blanche del Río

Iba a dejar unas llaves
al depto 'e la Carmelita
con Melanie y la Paulina nos dijo
pasen no ma'
qué no saben que tenemos
a una amiga de invitá
y fue tamaña sorpresa
verla rodeada de amigos
sonriente y bella la Pauli
como pájaro en los higos.
Así terminó mi día
entre risas y estrategias
pa tomar la micro
esa que pasa por la Estación
onde puee que un lairón
arranque con mi cartera
pero como yo soy re lumbrera
le hice la del más vivo,
me hice la boquiabierta,
creyó que era de los mesmos,
alegre por los encuentros
llegué así a la cordillera.

Décimas por paro docente 2019

Qué diría la Violeta
al ver tanta aberración
pues para la televisión
desinformar es la treta
pa seguir bajo la teta
por Pinochet heredada
del circo de las hinchadas
mientras con leyes nos quitan
los derechos que ellos profitan
con manos ensangrentadas.

Mi Violeta lloraría
pero estaría en la lucha
si su guitarra se escucha
ella diría a porfía
que del paro no se iría
aunque le quiten el pago
porque por fin el mal hado
se vaya de las escuelas
donde aún queda la secuela
de aquellos días aciagos.

El salario del docente
se duplicó en los setenta
y como la historia cuenta
el Grandioso Presidente
la cultura de la gente
del pueblo fue que impulsó.
¿Y qué es lo que hoy pasó?

Quieren reducir la historia
de las clases y la memoria
de un pueblo que tanto sufrió.

Violeta, soy profe y no miento;
la educación de mis chiquillos
en blanco y negro y sin brillos
poca ciencia del pensamiento,
poco arte, poco deporte es cierto
quieren dejar en las aulas
para que parezcan jaulas
con pájaros oscuros, tristes
¿Qué será de ellos, viste?
Soy profe la que hoy te habla.

Décimas por tristeza

Por Fabiola Campillay
hay que seguir en la lucha
y aunque nuestra pena es mucha
ya no nos van a callar
más que nunca hay que gritar
que el Estado está golpeando
a Los que viven luchando
por ganar el pan del día,
gritar, gritar a porfía
que Piñera nos está cegando.

Dirigenta y compañera
de la población Cinco Pinos
vio de cara a los asesinos
del pueblo y no bajó la acera
pero el arma de Piñera
le lanzaron a la cara
destrozando el rostro para
castigar a esta mujer
que sólo quiso querer
una vida digna y sana.

Los traidores tenían lista
el arma contra Fabiola
que no quería caminar sola
pa llegar a su trabajo
pues sabía que los pacos
un cáncer que hoy nos enquista,
aprovechan de pasar revista

a todos sus siniestros males
de abuso y golpes fatales
pa acallar al que resista.

Ay, estos pacos malditos
un reguero de dolor
sembraron y hoy el color
se escapó de los caminos
de una madre que sólo vino
a esta vida a trabajar
y hoy vienen a mutilar
los de Piñera mandados
en un terrorismo de Estado
que al pueblo empezó a cegar.

La pandemia de Piñera

El manejo de la prensa
es un caso repetido
con ello saca partido
el asesino que piensa
que toda la rabia inmensa
se nos pasará de un trago
mas en este tiempo aciago
de cautiverio por peste
el periodista es su hueste
y el desprecio será su pago.

Nadie te cree, Piñera
aunque quieras ocultar
tu indolencia y controlar
con milicos la vida entera.
Arderás en una hoguera,
cuya mecha encenderán
los jotes que contigo van
y hoy tus espaldas protegen
ministros, alcaldes, jueces
la mortaja te pondrán.

Así te lo doy firmado.
Miente, miente, que algo queda
cesantes en la vereda,
el desastre has provocado
y hoy tú nos has confinado
a este desigual encierro
tratándonos como a perros,

como irresponsable gente,
mas se verá prontamente:
caerás con tu dinero.

Abisma la liviandad
con que la crisis manejas
a las familias alejas
de sus muertos sin piedad
a los tuyos con dignidad
los entierras con honores
bombos, platillos y flores
para tu pariente egregio
recuperas privilegios
causando tantos dolores.

Y no creo que la maldá
tenga nombre y apellido
pero el Manalic bandido
tiene la pura embarrá,
con toda la tracalá
de expertos que no lo son
altera las cifras al son
de una música macabra.
¿Llegará el día en que se abra
un poco su corazón?

Los ricos en cuarentena
los pobres en los corrales
del metro y los hospitales
arrastrando las cadenas
del gobierno que condena
a públicos hospitales

a ver cómo sin materiales
pueden atender su gente:
los privados indolentes
recogen plata a raudales.

Como en un acto fallido
arman su saco a medida
ganándonos la partida,
que empezó con el Estallido,
y con el colchón mullido
de la pandemia disparan
a los miedos que nos paran
en seco la revolución
¿a dónde la sin razón
va a ganar una batalla?

Despiden los empresarios
trabajadores antiguos
con promesas de un exiguo
beneficio por salario,
entonces el mandatario
suaviza con aspirinas
la verdá o corre la cortina
ante preguntas capciosas
y acusa de tendenciosa
a la gente que lo incrimina.

Sobre la autora

Recuerdos de un vuelo, autobiografía de
Edith Tapia Espinoza

Nació en noviembre de 1968. Sus padres se conocieron en la Quinta Normal de los años 60. René, un obrero de san Vicente de Tagua Tagua migró en un camión empleándose con unos turcos y Edith, fue traída a los quince años desde Paillaco, escondida en el tren, para trabajar como empleada doméstica.

A los diez años aprendió a tejer usando clavos de a cuatro como palillos. A los 12 -imitando a la madre que cosía y bordaba como una necesidad de dar belleza al vestuario de sus cinco hijos- comenzó a entrelazar hijos de colores en el bordado y palabras poéticas en sus escritos.

Uno de sus juegos preferidos por esos años, fue el de hacer clases a alumnos ficticios a los que fabricaba cuadernos minúsculos cosidos a mano. Allí, en el patio de tierra de la casa, edificó ese imaginario donde voló muchas veces sobre los cercos... soñando por cierto y donde jugó a ser la profesora de castellano que es hoy después de estudiar en la UMCE (ExPedagógico de la Universidad de Chile).

Se planteó la docencia como un acto de rebeldía con una certeza: que se puede cambiar la historia de malos tratos escolares recurrentes por los años 70, donde aún operaban los castigos en manos marcadas por reglazos que le tocó experimentar a los seis o siete años. También la motivaron algunas profesoras que la cautivaron.
Estando en la universidad, profesores como Fidel Sepúlveda y Lucía Invernizzi marcaron su camino por la estética, las letras y las artes.

En 1992 se inició como profesora en alfabetización de adultos con un colectivo de Tierra Nuestra. Con pizarra negra y tiza enseñó sílabas que fueron enlazándose de a poco hasta formar frases que salían de las manos rollizas de hermosas mujeres como Petronila Catrinao o la Lupe que le enseñaron de la tenacidad y amor. Ahí supo cuáles serían los vientos que guiarían sus vuelos. Su primer hijo, Felipe, la acompañó muchas tardes en esa labor; luego Vicente y Edith también se sumaron.

Fue por once años una profesora taxi que día a día se trasladaba de un colegio a otro, desde Peñalolén a La Florida, ambos del sector particular subvencionado. Era tal la escasez de recursos que entre ser creativa y transformarse en un carrito de reciclaje o caer en la práctica arcaica de pasadora de materia, optó por lo primero, por lo tanto no solo se declara aprendiz del oficio de enseñar, sino también ha podido transformar sus clases en talleres de escritura creativa y de artes visuales. Por esos años de agobio laboral nacieron sus otros dos hijos.

Arpillerista y gestora cultural inicia en 2016 el taller "Bordado y poesía" con mujeres de villa La Reina, que compartió también en el programa Pespi de Salud Intercultural del Hospital Salvador y con profesoras y vecinos de Pudahuel.

Actualmente es docente de Lenguaje en Pudahuel Sur hacia donde se traslada todos los días desde la cordillera nevada de La Reina. Su experiencia en esos viajes son su espacio para la lectura y escritura. Sus obras poéticas no publicadas son: Caminos (2010) y Poesía Completa (2017). Es autora de una serie de ensayos y cuentos inéditos sobre la docencia, la desigualdad social y la defensa hacia el pueblo mapuche y de distintos proyectos de arpillera.

11/09 ★ 09/11

EL SUR ES
AMERICA

1973 ★ 2023

www.ingramcontent.com/pod-product-compliance
Lightning Source LLC
Chambersburg PA
CBHW060811050426

42449CB00008B/1625